এক মারা যায় বহুর চাপে

শিবনাথ চ্যাট্টার্জী

First Published in January 2022

ISBN: 978-93-5472-731-3

BLUEROSE PUBLISHERS

www.bluerosepublishers.com

info@bluerosepublishers.com

+91 8882 898 898

Cover Design:

Aveek

Typographic Design:

Rohit

Distributed by: BlueRose, Amazon, Flipkart

আমার প্রিয়তমা
“শ্রী” কে
এবং
আমার প্রাণাধিক আদরের
দুই সন্তান
ঋত্বিকা ও সিম্বা কে।।

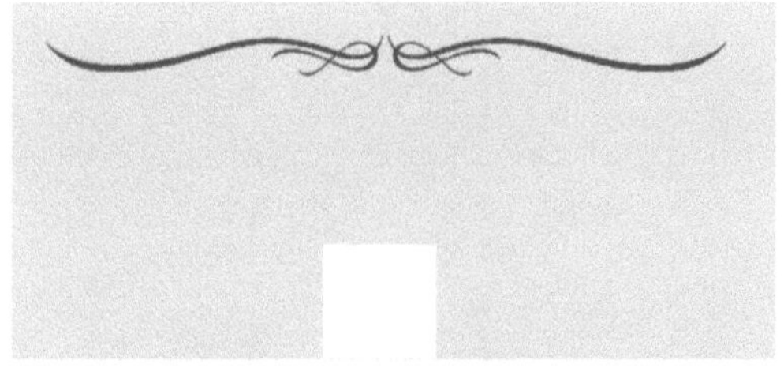

সূচিপত্র

খুশি কোথায় আছে?

খুশি কোথায় আছে -
পাখি কিংবা গাছে?

রং-বেরং-এর ফুলে,
কিংবা বৃক্ষভরা ফলে?

প্রজাপতির পাখায়,
কিংবা শিশির ঘাষের আগায়?

ছোট্ট জলের ধারায়,
কিংবা বিরাট নদীর চড়ায়?

অমাবস্যার কালোয়,
নাকি পূর্ণ চাঁদের আলোয়?

বরষার রিমঝিমে,
নাকি শীতের রাতের হিমে?

সোনার পাকা ধানে,
কিংবা শুভ্র কাশের বনে?

বনের সবুজ নরম,
নাকি মরুর বালির গরম?

মরসুমী ফুল টবে,
নাকি গাঁদা,জবায় হবে?

বরফ ঢাকা পাহাড়ে,
কিংবা ঢেউয়ে উত্তাল সাগরে?

খুশি আছে সব খানেতে—
আলো বাতাস যেমন!

মনের খুশি বলবে মনই,
কোন খুশিটি কখন।

পাহাড় আমার

পাহাড়ী ঝোরার তীরে,
উচ্চশির চিরহরিৎ গাছের
ঝড়া পাতায় শরীর এলিয়ে,
ভেবেছি কত কত বার-
আমার চেয়ে সুখী কে আর?

যাওয়ার জায়গা খুঁজলে
বুক ফুলিয়ে বলেছি,
পাহাড় ভালো লাগলে
দেখবি,সর্বত্রই স্বর্গের ছড়াছড়ি!

আমি তো পেয়েছি দেখা,
শুকনো পাতায় দিয়ে গড়াগড়ি-
এক ঢাল শেষ হলে ক্লান্ত শরীরে,
অন্য ঢাল ডেকে নেয় কত সমাদরে!

ওঠা যবে শেষ হবে সেদিনের মত
ক্ষণিক বিশ্রামে সব শ্রান্তি অন্তর্হিত।
নতুন পৃথিবী এক সমুখে আগত
আনন্দে পূর্ণ প্রাণ জানায় স্বাগত।

এইভাবে প্রতিদিন নিতি নব সুরে
প্রকৃতি ধ্বনিত হয় যাত্রীর অন্তরে।
সবুজের কত আভা নক্সা কত শত
বর্ণময় বিহঙ্গেরা উড়ানেতে রত।

ছোট ছোট জলস্রোতে আলপনা আঁকা
কোথা বা কুড়ের পাশে চলে আঁকাবাঁকা।
সূর্য রাঙিয়ে দেয় না হতেই ভোর
পাহাড়ের আঁড়ালেতে থেকে।

সাঁঝ ফেরে পশ্চিমে
আকাশেতে স্বর্ণরেণু রেখে।
চাঁদের আলোর বুকে রাতের সাগরে
উজ্জ্বল তারাদের সন্তরণ!

বিদ্যুতের অভাব ছাপিয়ে
জ্বলে যেন স্বর্গের আভরণ!
সাতরঙ্গা ঘোড়া দিনমানে,
দৌড়ে বেড়ায় যেন রং মেখে গায়।

ভাসাতে শিখরে সব রঙের বন্যায়,
ঘুম-না-ভাঙা ভোর থেকে
শিল্পী তুলি নিয়ে
বারে বারে ব্যর্থ হয় সে ছবি আঁকায়।

এ প্রসাদ আমাদের তরে,
শিখর চূড়ার থেকে বহু বহু দূরে।
সে পথ যতনে গাথা ভয়াল সুন্দরে
শক্তিমান দুঃসাহসী সেথা যেতে পারে।

মনের গড়ন মেনে যে পথেই যাবে
সৌন্দর্যের শত রঙে পাহাড় রাঙাবে।
বহু রূপে ধনী সে যে স্তরভেদ কত!
পাহাড়েতে তৃপ্ত হই যে যাহার মত।

আমাদের পূর্ণতায় নেই কোন ফাঁক
আমাদেরই পথে আছে ওপরের বাঁক।

বুদ্ধম শরণম গচ্ছামি

বাইরে তোমার যে রূপ নেহারি
শুনেছি তুমি তা নও–
কত সভ্যতা এসে চলে গেছে,
চেতনায় তরী বাও।

প্রজন্ম থেকে প্রজন্ম ধরে,
চিন্তন তব মূর্তি আঁধারে।
করুণাঘন রূপে ঢেকে রাখো,
আপন অরূপ সত্তারে।

এমনি এক ভরাচাঁদের দিনে-
দুঃখময় পৃথিবীতে এলে,
অমৃতের সন্ধান বিতরণে-

দুঃখ আছে, সকল জীবন সাথে,
সাধন তোমার দুঃখজয়ের পথে।
জন্মতে নেই আসল পরিচয়,
কর্ম মাঝেই পুনর্জন্ম হয়।

আড়াই হাজার বয়স গিয়েছে কেটে,
তোমার কথারা বিস্মৃত নয় মোটে-
মূর্তি তোমার আসিলে স্মরণ মাঝে,
প্রশান্তিময় মধুর বাণী মর্ম গভীরে বাজে।
ভয় ভীতি সব তুচ্ছ মনে হয়-
জীবনযুদ্ধে শাক্যমুণি তুমিই তো আশ্রয়।

বয়েস ঠাকুর

বয়েস ঠাকুর বয়েস ঠাকুর,
বলছি তোমায় আজ-
আমার জন্য দাও না করে-
ছোট্ট একটু কাজ।

কাজটি তোমার বড়ই সহজ-
জীবন গাড়ির মুখ
ফিরিয়ে দিলেই আনতে পারি-
হারিয়ে যাওয়া সুখ।

মেয়ের সঙ্গে হাসি খেলা,
গপ্পো বউয়ের সাথে-
সেসব স্মৃতি বয়েস ঠাকুর,
কিচ্ছুটি নেই হাতে।

কেমন করে এমন হলো
নেইতো কিছুই মনে-
বয়েস ঠাকুর পারবে তুমি?
আনতে সেসব দিনে?

বয়েস ঠাকুর আশিস ভরে,
ঘোচাও আমার দৈন্য,
প্রাণের সহজ হাসি খেলায় -
মন যেন হয় ধন্য।

হিমালয়যাত্রা

বহুকাল হতে হিমালয় পুরে,
এসেছে গিয়েছে যারা বারেবারে।
গৃহ পরিবার সবকিছু ছেড়ে,
সেবিতে আপন তীর্থ-দেবতারে-

দুস্তর পথ হতে পারাপার
চরণযুগল ছিল শুধু সার,
দু'চোখে খুঁজেছে দেবতার ঠাঁই
পাহাড় বিটপী কিছু যেন নাই।

চলার পথেতে বহু দূরে দূরে
চটি ছিল কিছু গড়া।
কাঠকুটো জ্বেলে রান্না সেখানে,
রাত হলে শুয়ে পড়া।

কঠিন পথের ক্লান্তি মেটেনা,
তরুছায়া সেথা সহজে মেলেনা-
যাত্রী তবুও বিরাম জানেনা,
দর্শন বিনা পথ সে ছাড়েনা।

অভাগা যাত্রী ফেরেনি যে ঘরে
অশ্রুসাগর তার সংসারে!
থামেনি যাত্রা তাকে মনে করে
নতুন পথিকে পথ ওঠে ভরে।

দেবতার টান এত বলবান
এ দেশের ঘরে ঘরে;
সব বাধা ঠেলে ভক্তরা যান
প্রিয় দেবতার দ্বারে।

এসব সাবেক কালের ঘটনা
হয়তো আজকে খুঁজেও পাবেনা!
যাত্রীরা আজ সন্ধানী পথে,
হিমালয়ে শুধু দেবতা খোঁজে না।

হিমালয় ডাকে হাতছানি দিয়ে,
দেবতারা রয় পাশে।
অভিযাত্রীরা ভক্তের সাথে
পথ চলে ভালবেসে-

কোন পথ এসে তীর্থেতে মেশে,
কোন বা পাহাড় তার চারপাশে-
নদী ধরে চলে হিমবাহ পানে,
সাহসীরা ছোটে শিখরের টানে।

হিমালয়ে আজ নতুন তীর্থ
দূর হতে বহু দূরে-
বিশ্বজগত মিলেছে সেখানে
খুঁজে পেতে নতুনেরে।

প্রাণের আরাম

(একটি কুকুর ছানা নিয়ে)

গুটি গুটি পায়ে টলোমলো হাঁটা,
কামড় হাতে বা পায়।

হাত পেতে দিলে এসে শুয়ে পড়ে,
মন শুধু ভরে যায়!

রক্তের রোগ থাকা বা না-থাকা,
বুঝেছি কথার কথা-

প্রাণের আরাম লুকানো কোথায়-
প্রকৃতিই জানে একা।

আড্ডা

আমি বলছি নদীর কথা,
ভাবছ তুমি পাহাড়।
আমার গতি মরুর পথে,
শহরে মন তোমার।

ধর্মে যখন ভাসছি আমি,
মার্কসকে সাথী করো-
যবে, উপন্যাসের তত্ত্বে মাতি,
কবিতা আঁকড়ে ধরো।

ভাবনার এই অবাধ গতির,
নেইকো কোন ক্ষতি;
মনের বিকাশে বন্ধু রূপেতে,
আছে আড্ডার স্তুতি।

আড্ডা ভূমেতে বিচার চলেনা,
কোনটা কাহার ভাগে;
না-লেখা নিয়ম একটি কেবল-
উৎসাহ থাক আগে।

তুমি যদি কাউকে ছাড়ো,
সে-ও ধরবেনা তোমায়।
এমনধারাই চিরদিন দেখি,
আড্ডার ভিড় কমায়।

কবিতা ভিক্ষা

বাই পোলার ডিসঅর্ডার,
কবিতা সৃষ্টির মনোভূমিতে-
যদি নিয়ে যেত একবার!

ছোট এক কবিতার চারা
পুঁতে দিতাম যত্ন করে;
কালে তার স্নিগ্ধ আন্দোলনে-
মনের মেঘেরা যেত সরে!

মহার্ঘ কোন সৃষ্টির তাড়নায় -
এ প্রার্থনা নয়-
স্বস্তি চাই কবিতার শুদ্ধতায়।

বাঙ্ময় শব্দের ধ্বনি
চিত্ররূপে মগ্ন যে মন!
তাকে নিয়ে যাওয়া সহজ নয়
কোন গাঢ় অন্ধকূপে।
কবিতার শব্দের ঝঙ্কার,
হয়তো ভুলিয়ে দিত, জীবনের সব হাহাকার।

কবিতায় আছে এক অনির্বচনীয়তা;
প্রকাশের মাঝে অন্তর্লীন
যেন এক মুক্তির বারতা।

এক মনে চেয়ে থাকি ক্ষীণ আশা করে-
কখন আমার লেখা, একটি কবিতা হয়ে-
ছোট্ট পাতার মত ওঠে ভূমি ছেড়ে।

প্রকৃতি উদার

কালবোশেখির মাতনের মাঝে,
বাঙলার ঋতু জাগে।
মাঠ ফুটিফাটা পুকুরেরা শুখা,
রুদ্র তপন রাগে।

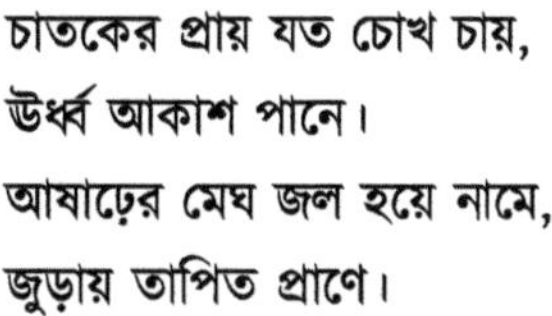

চাতকের প্রায় যত চোখ চায়,
ঊর্ধ্ব আকাশ পানে।
আষাঢ়ের মেঘ জল হয়ে নামে,
জুড়ায় তাপিত প্রাণে।

ভেলা হয়ে ভাসে শরতের মেঘ,
সবুজ ধরণী পরে।
শিউলি সুবাসে ফূল্ল আগুন,
সাজে উৎসব তরে।

সোনার শস্যে মাঠ থই থই,
হেমন্ত হাত ধরে,
চাষীর ঘরণী নবান্ন পাবনে,
লক্ষ্মী বরণ করে।

ঝরা পাতা দলে মাটিতে লুটায়,
শীতের বার্তা দিয়ে;
খুশিতে ব্যাপারী হাট পানে যায়,
সবজির বোঝা নিয়ে।

বর্ষ শেষের দখিণা হাওয়ায়,
উধাও প্রেমিক মন,
ফুলের সুবাস রঙের লাবণী
পাখির কুহরণ!

প্রাসাদ হতে দরিদ্র কুটির,
একই রূপে দেখি প্রকাশিত-
প্রকৃতি দেবীর সাম্যের গাঁথা,
সৃষ্টির উষায় নির্ধারিত।

আমাদের গড়া ব্যবধানে-
ভিন্ন ভিন্ন কত অনুভব।
খরা বা বন্যায় কিংবা শীতের তাড়নে,
বিকৃত মৃত্যুর কলরব!!

স্ত্রী কন্যা মাজে পরের বাসন,
নিজে পরজমি কাজে।
উৎসবে কারো হয়না কো যাওয়া
ছেঁড়া কাপড়ের লাজে।

শীতের সবজি পড়ে না কো পাতে,
সেদ্ধ শাক আর ভাত।
তাও আধপেটা জোটে বহু বেলা,
নেই তবু প্রতিবাদ।

পাখির কূজন দখিণা পবন,
কেমন ওরা না জানে;
উদার প্রকৃতি, দেখেনা সে কিছু,
ব্যবধান নাহি মানে।

ধর্ষণ

বিবর্তনের ফলে, পশু থেকে মানুষে উত্তরণ না হলে
পৃথিবীকে এত ধর্ষণ দেখতে হত না অশ্রু ফেলে—

নারী, আইন, প্রশাসন,শিল্পী, সংবাদ,প্রতিবাদ!
কোন কিছু নেই আর বাদ-

ওরা যা যা বলে সবই শুধু বুজরুকি-
ধর্ষক চিনতে কোন শাস্তর লাগে কী?

কেতাবেতে লেখা বিদ্যার বোঝা,
কী হবে মগজে ভরে?
গায়ে শোভে যত নামাবলী ছিঁড়ে,
দেখোনা ন্যাংটো করে।

একাকিত্ব

ওরা বড় একলা!
ছেলেবেলায় একসঙ্গে স্কুলে যায়,
বেড়ায়, খেলে।
মনে তবু একা চলা।

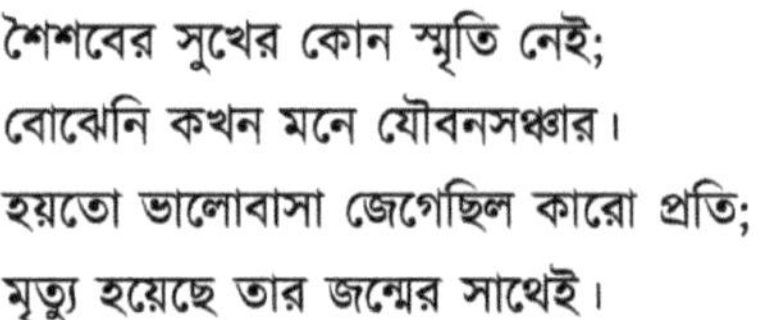

শৈশবের সুখের কোন স্মৃতি নেই;
বোঝেনি কখন মনে যৌবনসঞ্চার।
হয়তো ভালোবাসা জেগেছিল কারো প্রতি;
মৃত্যু হয়েছে তার জন্মের সাথেই।

তবু এরা বড় হয়,
স্ত্রী'র সাথে সন্তানেরা আসে।
ভালবেসে ভরে দিতে চায়,
ব্যর্থ হয় নিজেদের খণ্ড চেতনায়!

দোষী অপ্রাপ্তির ছেলেবেলা
জীবনে হয়নি কিছু জানা।
প্রশ্ন করবে যারে; পায়নি সেজনা।
এ কেবল নয় অবহেলা।

শ্বাস বয়ে চলে;
চেষ্টাপলে পলে।

ভুলিতে এবেলা-
কাটাতে একেলা।

জীবন

যে গাছ ঝড়ে পড়ে গেছে,
অথবা, মাটিতে পায়নি প্রাণরস-
নিজের বাগানে হ'লে কষ্ট পেয়েছ!
বনবাদারে দেখে থাকলে; হয়তো ভুলে গেছ।

যে গাছ পাতায় ফুলে ফলে
বিকশিত হয়ে আছে;
সেই তো সান্ত্বনা প্রাণের কাছে।

পাতার ফাঁকে চুইয়ে আসা চাঁদের আলোয়
মাদুর পেতে বসিয়েছ কত মজলিশ!
সকালে সবুজ ঘাসে সাদা কালো আলপনার
ছবি তুলেছ ইচ্ছেমত, দশ বিশ।

কে দেখেনি নদীর জলে গাছের ছায়ার ছবি?
পাতায় পাতায় দেখা-না-দেখায় রবি?
তপ্ত দুপুরে স্তব্ধ গাছের ছায়ায়
ঠেলাওয়ালা ঠেলা রেখে সুখেতে ঘুমায়।

ক্ষুধার্ত পাখিটি গাছের ফলে তার পেটটি ভরায়।
এ সবই জীবন দিয়ে জীবনকে ভরে তোলার;
জীবনকে ভালবাসার গান শোনাবার।

এ ছবিই গড়ে তোলে সাহিত্য দর্শন
একটু জল দেওয়া, একটি খুঁটির পরশন।

রবিঠাকুরের গুপ্তধন

কবি ঠাকুর কবি ঠাকুর
গুপ্ত তূণীর বানে;
মানুষখেকো মানুষগুলো
ছিন্ন করো প্রাণে।

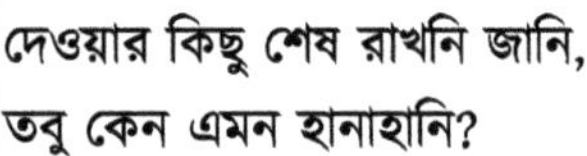

দেওয়ার কিছু শেষ রাখনি জানি,
তবু কেন এমন হানাহানি?

হাটে মাঠে লোক যেটুকু বা বোঝে,
চোগা চাপকানে; কিছু বোঝে না যে!

তারা তো জানে না সৃষ্টিতে তব,
কত অজানার রেশ!
কোন সে বাণীর শরসন্ধানে;
একদিন হবে শেষ।

সহজ সুখ

শান্ত দিঘীর জলে
ফেলে কিছু ঢেলা,
অকারণ ঢেউ তোলা,
এ কেমন খেলা?

আত্মসুখ আশা করে,
ছল কর বন্ধুজনে!
অমীমাংসিত প্রশ্ন লেখ,
বিজ্ঞের ভান এনে।

তোমার সময় নিয়ে
যা খুশি করতে পার,
দোহাই লেখক বাবু;
পাঠককে রেয়াত করো।

এ ধরণী পরিব্যাপ্ত-
সহজের সুখে;
ভুল করে ডেকে আনো-
অতৃপ্তির দুখে।

আনন্দ সঙ্গীত বাজে,
তোমারি গৃহেতে;
অনুভব করো তারে-
মনের নিভৃতে।

প্রকৃতির রোষ

হে প্রকৃতি,আয়ুধ রেখেছো কত গোপনে -
যখন ইচ্ছে মাতো মারণে।
ভূমিকম্প খরা ক্ষণে ক্ষণে;
অতিমারী ঝড় সাইক্লোনে।

সৃষ্টির আদিকাল হতে
তোমার নির্দয় কষাঘাতে-
বড় হয়ে ওঠা জ্ঞানে ও বুদ্ধিতে,
মানুষকে চেয়েছো বাঁধিতে!

বাঁধভাঙা নদী খেলে গ্রামে;
বাসগৃহ মাটিতে মেশায়।
চাষীর ফসল ডোবে মাঠে;
কেহ বাঁচে কেহ মারা যায়।

মৃত্যুর কত আয়োজন
সাজিয়ে রেখেছো চারপাশে-
অস্ত্রভেদে এক এক রকম
যন্ত্রনারস্বতন্ত্র প্রকাশে।

টেকটনিক প্লেট থেকে শেষ বায়ুস্তর;
তোমার রয়েছে অনুচর।
সমুদ্র থরো থরো সূর্যের তাপেতে;
শূন্যতার জন্ম হয় অশনিসংকেতে।

কোথা বা মৃত্যুর সাথে যুদ্ধ কিছুক্ষণ -
কোথা বা নিমিষে নিঃশেষ।
কখনো বা বিশ্বজুড়ে, মাস ছেড়ে বছরেও
মৃত্যুভয় নাহি হয় শেষ।

তাই বুঝি আদিজন গৃহে
তোমার পূজার শঙ্খ বাজে -
গাছ নদী পাহাড় পর্বত,
মূর্তি ধরে থাকো হৃদি মাঝে।

মরু নদী বন সমুদ্র পাহাড়
লোটে সভ্যেরা, না করে বিচার।
সঙ্কোচে নয়; গর্বেতে তারা বিশ্বে হাজির
কালিমালিপ্ত পরিচয় সাথে, নব কৃষ্টির।

শিক্ষা চেতনা মৃত, এ নবীন অভিধানে -
প্রশাসন ন্যায়ালয় ক্ষমতার ভাষা জানে।
মুষ্টিমেয় শক্তিমানধ্বংস করেনিত্যদিন-
প্রকৃতির ভারসাম্য? কোথায় আজকে লীন!

হে প্রকৃতি,সভ্যতার এত আশীর্বাদ
নিয়েও দেখি, আজো তুমি অপার বিস্ময়!
অপূর্ব সৃষ্টির লীলাভূমি;
রেখো তারে সদা অক্ষয়।

মিথ্যা বাণী

আমাদের মহাকাব্যের নায়কদের
ছলচাতুরী, অনৈতিকতা,নৃশংসতার
সীমা পরিসীমা নেই!

সবার পেছনে ক্রিয়াশীল, এক স্থায়ী নিমিত্ত-
বৃহত্তর কোন মঙ্গলবিধানের,
দোষ নেই কোন কিছুতেই।

বুনে চলা দার্শনিক যুক্তি পরম্পরায়,
কেহ বা মোহিত হয়-
সত্যেরে খুঁজে পায় কুহকের ছায়ায়,
অথবা মননের গভীরতায়।

গলবস্ত্র নেতা সব সোল্লাসে বলে-
সত্যের মূরতি আছে,
মিথ্যার আড়ালে!

মূঢ় কিছুআমাদের মত,
প্রাচীনে নবীনে আস্থাহীন-
মিথ্যাভাষণ শ্রবণে বিরত।

বন্ধুত্ব ও একটি গাছ

আরে,এই তো সেই পাতাবাহার গাছ,
মেলেছে দু'টি ছোট্ট পাতা আজ!
কত কত বার আয়ুদীপ নিবু নিবু,
বাগানমালিনী ছাড়েনি তাহারে কভু।

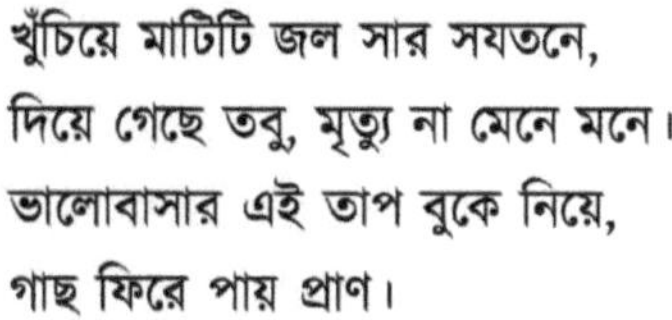

খুঁচিয়ে মাটিটি জল সার সযতনে,
দিয়ে গেছে তবু, মৃত্যু না মেনে মনে।
ভালোবাসার এই তাপ বুকে নিয়ে,
গাছ ফিরে পায় প্রাণ।

বিশ্বাস আর মমতার জোরে,
পালিকার জয়গান।
আমাদের মত বন্ধুরা, যারা,
বহুদিন একসাথে।

সহমর্মীর উষ্ণ পরশ,
ভরেনিই জীবনেতে।

ভুল-বোঝা মেঘ, ছায়া ফেলে যদি-
মনের গোপন কোনে,
বিশ্বাস ভরা আলো জ্বেলে দিও,
ভুলে সব অভিমানে।

বন্ধুত্বের রামধনু রঙ পড়বে সবার মুখে,
স্বার্থবিহীন মানুষের যোগ অনুভব হোক সুখে।

আপন খেয়ালে

একটা মানুষ আপন মনে
যখন তখন পাহাড় পানে
ছুটত নিয়ে স্যাক।

থাকত যখন নিজের ঘরে
এটা ছেড়ে ওটা ধরে
ঘাটত বইয়ের র‍্যাক।

পাহাড়ে তার আজব নেশা!
পাথর বরফ সবুজ মেশা।
কিছুতে নেই আঁড়ি।

বই বাছতে তীক্ষ্ণ চোখে
গল্প কবিতা সরায় দেখে,
প্রবন্ধ চাই ভারী।

লারকে থেকে অন্নপূর্ণা, ব্রহ্মা বেসে
বড়াশিগরি, মুক্তিনাথে গেছে হেসে।
ছকের বালাই ছেড়ে।

এডগার স্নো,দেবীপ্রসাদ, সাথেতে টিলম্যান,
স্যামুয়েলসন,প্রভাতকুমার,দীপেশ,সাংকৃত্যায়ন।
পড়েছে, ইচ্ছেডানায় চড়ে।

চলার মজায় পথ চলেছে
পথের হদিশ প্রায় ভুলেছে,
ক্ষোভ নেইকো তায়।

কত বিষয় কত পড়া
স্মৃতির কোঠায় রয় না ধরা-
সময় বয়ে যায়।

একটা সময় হঠাৎ করে
প্রশ্ন শুধায় সে নিজেরে-

তৃপ্ত তুমি আজ?

বইয়ের থেকে উঠিয়ে মাথা
ভাবছে, দেবে কোন বারতা,
ঘনিয়ে এলে সাঁঝ।

লক্ষ্যের আলো কিম্বা ফোকাস
তার জীবনে হয়নি প্রকাশ।
পালছেঁড়া দিন যাপন।

মনগড়া খুশি নিয়ে ভরপুর ,
কখনো গভীরে গেছে বহুদূর-
করেছে আশার বপন।

জীবনের জটিলতা

জীবন নয়তো তেমন জটিল;
যদি না নাও করে।
কোন কথাটি কী রূপ নেবে,
ভাবছ নিশি ভোরে!

আমরা যারা আমজনতা,
নই জালিয়াতি খুনে।
কিসের এত ভাবনা তবে?
পাই পয়সা গুণে।

কবি তো নয়, খুঁজতে হবে,
কথার মতো কথা?
আমরা বলি যা মনে চায়,
ভার না করে মাথা।

কথার মাঝেই রাগ অনুরাগ,
কথা জাগায় ক্রোধ।
কথা বলার আগে তোমার,
জাগিয়ে রেখো বোধ।

উচিত ভেবে যে কথাটি
বলছ গর্ব ভরে-
কোন সে ফলের জন্ম দিল,
দেখো খোঁজটি কোরে।

দুই মনেতে প্রেমের ভাটা,
শূন্য লাভের থালা।
পরের মনে করলে বসত,
মিটবে অনেক জ্বালা।

এমনটা নয়, আপোষকামী
হতেই হবে তোমায়-
জানতে হবে কোন প্রতিবাদ
তোমার ধাতে মানায়।

নিজের মনটি চেনার পাঠে,
ফাঁক থেকে যায় কোনো।
জবাবদিহির উঠবে আঙুল
তোমার দিকেই জেনো।

ছোট্ট মাথায় দু'টি হাতে,
করলে যেমন কাজ,
নিক্তি মেপে তেমনটি ঠিক,
ফেরত পাবে আজ।

মনস্তাপে লাভ কিছু নেই,
প্রাপ্তিতে কম হলে।
ঠিক সময়ের ঠিক কাজটি
করতে গেছো ভুলে।

এত শত হিসেব নিকেশ,
থোরাই কেয়ার করি-
অজানা কোন ছন্দ এসে,
জীবনতোলে গড়ি।

যতই জটিল অঙ্ক কষো,
হিসেব পাওয়াকঠিন।
জীবন বাধা কোন সুরেতে?
কোন শিল্পীরবীণ?

কথার ঝুটো জটিলতা,
ভুলেই গড়ে তোলা।
আসল যা সব আসবে হঠাৎ,
যায় না আগাম বলা।

কাজ কোনটা?

বিশ্বভূবন ভরা হাজার কাজ।
ভাবতে বসি রোজ সকালে তবু-
কোনটা করব আজ-

যেই নিয়েছি, কোন একটা বই,
অন্যটি রয় করুণ চোখে চেয়ে;
শুধায় যেন, আমায় নিলে কই?

কাগজ কলম গুছিয়ে নিয়ে,
লিখবো যখন ভাবি,

অর্ডার শুনি, দুধটা আনো গিয়ে-
করছি যেটা, চাইনি সেটা,
যাচ্ছে হতে করে।

কাটছে সময়, ভরছে না মনটা!
এতক্ষণে আসল কথা এলো,

কোন কাজটা মনের মতন-
সেইটা ভেবে ফেলো।

পড়তে গিয়ে মনের কথা দেখি-
কাজের সাথে অকাজ কূকাজ,
যাচ্ছে মিশে, এ কী?

উদয় থেকে অস্ত মাঝে,
ছোট্ট একটু বেলা।
মনকে শেখাও, বাছতে সঠিক কাজে।

আমি যেমন অর্থবিহীন হিজিবিজি লেখায়,
ভরছে ভাবি মনের যত ফাঁক।

বাইরে যা সব কাজের মতো দেখায়-
কাজের আছে সহজ পরিচয়,
আবেশ তাহার রইবে বহু দূরে-

মুহূর্তে শেষ রেশটি হলে,
সেটা কাজই নয়।

বাংলাভাষা

বাবা ছিলেন পশ্চিমবঙ্গ সরকারের ছোট কর্মচারী;
দেশভাগের সুফলে আশ্রয় কাশীপুরের বস্তিবাড়ি।
'বেতন লাগবে না' করারে
এক অখ্যাত স্কুলে ভর্তি হই।

পড়ার জন্য ছিল
পুরনো কেনা ক'টা পাঠ্য বই।
টিনটিনের নাম শুনিনি,
মজা ছিল হাঁদা ভোঁদায়।

ইংরেজিতে prose, poetry,
হাতি ঘোড়ার রচনা লেখায়।
তখনো TV নেই বাজারে
টকি দেখায় বাবার অমত।

হিন্দি শেখায় নেইতো নিষেধ,
কোথায় পাবো সেই সঙ্গত?
এইতো ছিল ছেলেবেলা!
কলেজেতে যাওয়ার আগে।

এর পরেতে বাংলা জুড়ে
দিন বদলের আওয়াজ জাগে!
বাংলা দিয়েই মনের ক্ষিধে
সেসব দিনে মিটে যেত।

ইংরেজিটা থাকত পাশে,
কষ্ট হলেও কাজ চলত।
তেমন কিছু লেখা পড়া
হয়নি আমার ছোট্ট মাথায়।

বাংলাভাষায় কাজ চলে না
চৌদিকেতে রব শোনা যায়।
জ্ঞানি গুণি বাঙালি ভাই
একটু যদি আমায় বলো,
বাংলাভাষার গন্ধে কেন-
নাক সিটকে তোমরা চলো?

ভাষার তো নেই নিজের কিছু;
আমরাই তার স্বাস্থ্য গড়ি।
এসো তবে নিজের ভাষা
মনের মত গঠন করি।

এগিয়ে থাকা ভাষা যত
আছে সারা বিশ্ব মাঝে-
পেছনে তার মনীষী কত
মগ্ন নীরব কঠিন কাজে।

ভাষার বনেদ, মধ্যমেধায়
গড়ে তোলা সহজ তো নয়-
তেমন সবাই এগিয়ে এলেই
ভাষার বাঁচা সম্ভব হয়।

সামাজিক কারণে,
শুরু হয়েছিল বিভাজন।
নব প্রজন্মের দৈনন্দিন মননে
বাংলার হলো নির্বাসন।

তার ভাষা,সাহিত্য,সঙ্গীত, নাটক
আস্তে আস্তে স্থান করে নেয় পেছনে!
বাংলার বিনোদন, আলাপচারিতার মাধুর্য
অপাংক্তেয় হয়ে যায় তাদের চিন্তনে।

প্রায় জিনগত এক পরিবর্তন যেন
বৌদ্ধিক অভ্যাসের প্রতিটি পরতে পরতে।
প্রজন্মের ব্যবধান বাইরের রূপ,
কূটবুদ্ধির এক গূঢ় অভিসন্ধি গোপন খেলাতে।

সময়ের দাবী বুঝে,কূপমণ্ডুকতা ছেড়ে,
ভাষার পরিমার্জনে অসম্মতি বা অবহেলাও,
এই পিছিয়ে পড়ার অন্যতম কারণ।
এর দায়ভার পূর্ব প্রজন্মের সাথে আমাদেরও।

ভাষিক পছন্দের বর্তমান অভিমুখে পরিবর্তন
কোনভাবেই আজ আর সম্ভব নয়।
সচেতন চেষ্টায়,বাস্তবে হয়তো এটুকুই করা সম্ভব-
পাশাপাশি বাংলাও যেন সম্মানে রয়।

লেনিন

আমি জানি সভ্যতা যতদিন ততদিন তুমি;
যতই বদলে যাক চিন, রাশিয়া, পূর্ব ইউরোপ ভূমি-

মার্ক্সের বাতি নিয়ে খুজে ফিরেছ দিগ্বিদিক!
চেয়েছো, মানুষ সকল দ্বন্দ্বের মুখ চিনে নিক।

নিষেধ ছিল কী কিছু, ফাঁক ভরে নিতে?
সহজাত প্রবৃত্তিতে আমরা মজেছি সহজেতে।

বৃষ্টির রূপ

আয়েস শেষে সাত সকালে
বৃষ্টি এল শূন্য জুড়ে;
কিচ্ছুটি আর যায় না দেখা, বৃষ্টি ছেড়ে।

গাছগাছালি এদিক সেদিক ঘরবাড়ি সব,
বৃষ্টি এসে আবছা করে সব অবয়ব।

এমনি সে এক বৃষ্টিধারা ছিল সেদিন-
শুয়ে বসে চিলেকোঠায় কাটছিল দিন।

একমনেতে তাকিয়ে থাকি পুকুরপানে-
দিঘীর জলে বৃষ্টি আমায় দারুন টানে।

জলতল নাচছে যেন ফোঁটার ছোঁয়ায়,
অপরূপ রূপ ধরে এক আলোয় ছায়ায়।

এ ছবি, বৃষ্টিদিনের মামা বাড়ির-
হঠাৎ আজ বৃষ্টিধারায় মনে হাজির।

খিড়কির খানিক পরেই,
ছিল সেই পুকুরখানা,
সকালে দুপুর সাঁঝে,
তারই পাশে আনাগোনা।

ফলসা, জাম, জামরুল,
গাছ ছিল চারধারেতে,
সারাদিন এদিক ওদিক-
যদি কিছু পাই কুড়োতে।

বৃষ্টি এলে পরেই,
আমি ছুটি চিলেকোঠায়,
ছায়াঘেরা পুকুর তখন,
সেজে ওঠে বৃষ্টিফোঁটায়।

আবেশের মাঝে হঠাৎ-
মনে চাপে পাষাণ ভারি,
বর্ষা মাথায়, চলছে কোথায়?
মানুষরা সব, সারি সারি!

ক্ষমা করো, বর্ষার অভিঘাতে ঘরছাড়া যাঁরা-
বাধেতে বিছানো শয্যা, দয়ার অন্নতে প্রাণ ধরা।

কবে যাবে আপনার ঘরে?
কি দিয়ে কিনবে হাড়িকড়া?
জানে না সে অভাগার দল,
বর্ষায় যাঁরা সর্বহারা।

আমার সে বর্ষার ছবি, নতমুখে লজ্জার গুণ্ঠনে!
ঢাকা পড়ে বন্যার দাপটে, ভেসে যায় অশ্রুর প্লাবনে।

সেরা স্বার্থপর

আমার কাছ যদি জানতে চাও-
কে পৃথিবীর সেরা স্বার্থপর?

জানবে, আমার একটিই উত্তর-
মানুষের তপ্ত চোখের জল!

হয়তো বা অন্য প্রাণীদেরও!

আত্মপরের সূক্ষ্ম বিভেদ এত-
অন্য কেউ করতে পারে না,
অশ্রুজলের মত।

এক বিস্ময় শিল্পী

(সৌমিত্র চট্টোপাধ্যায় স্মরণে)

একটি মানুষ, এমন করে পারল কেমন করে?
ছায়ায় কায়ায় গলাগলি একই সোহাগ ভরে!
সাহিত্যের এক বিরাট আকাশ তাঁহার পরশ পেয়ে,
না বোঝা সব আঁধার কত উঠল উজল হ'য়ে।

একটি মানুষ এমন করে পারল কেমন করে?
অজান্তে তাঁর কথার ধারায় সুরের ঝর্ণা ঝরে-
আবৃত্তি বা কবিতা পাঠ ফিরত নতুন বাঁকে,
আমার সাথেই কথা যেন জমছে ফাঁকে ফাঁকে।

একটি মানুষ এমন করে পারল কেমন করে?
জ্ঞানবারিতে পূর্ণ হৃদয় সৃষ্টি সুখে ভরে।
আমরা পেলাম টলোমলো কূল ছাপানো জল-
যেখানে নেই জ্ঞানের ছায়া, শব্দ ছলাৎছল।

একটি মানুষ এমন করে পারল কেমন করে?
সাজিয়ে নিতে জীবন খাতা এত বিপুল ভারে!
এত কিছু ছিল, যেন অস্তিত্বের অঙ্গ-
প্রকাশেতে স্ফূর্ত সদাইআপন ভাবনা রঙ্গ।

একটি মানুষ এমন করে পারল কেমন করে?
যখন তাঁকে স্মরণ করি বিস্ময়েতে ভরে!
সাহিত্য কলার যতদিকে তাঁর অক্ষয় স্বাক্ষর,
তারই কোন দিক, রেখে দিত তাঁরে, করে চির ভাস্বর।

পূর্ণতা এক সংজ্ঞা,এক বোধ,এক প্রেরণা-
পূর্ণতা এক কল্পিত গন্তব্য,এক চরম মোহ,
এক অনিঃশেষ সঞ্চালনা।

পূর্ণতার এই হাতছানিতে ঘুরে ফিরেছ অবিরত,
শিল্পকলার এক প্রান্ত থেকে দিগ্বিদিকে;
জীবনের শেষ ক'টি দিন ছাড়া।

সাজিয়ে তুলেছ যত্নকরে বিচিত্র সৃষ্টির পশরা;
সিনেমা থেকে নাটক, কবিতা থেকে আবৃত্তি-
প্রবন্ধ অনুবাদ সম্পাদনা,
নাট্যরচনা থেকে সূত্রধরবৃত্তি-
রং তুলি, তাও নেই বাকি।

সৃষ্টির কোথায় দৃষ্টি পড়েনি তোমার?
কত না সময় যাবে খুঁজে দেখতেই!
প্রতি পলে পলে, অর্জিত শিক্ষায়,
রঞ্জিত করেছ সৃষ্টি, ভাবে ও ভাষায়-
প্রকাশের গূঢ় সূক্ষ্মতায়।

মরদেহে তুমি নেই আর, কে রুধিবে সেই হাহাকার?
মৃত্যুতে জীবন্ত হয়ে আছো অশেষ সৃষ্টিতে তোমার-
অন্বেষণে নিতি নব রূপে এসে তুমি দাঁড়াবে সমুখে।

"আমি ছিনু তব সুখে দুখে",
অশ্রুত স্বর ভেসে আসে।

তবু ভালবেসো

তোমার কঠিন বিপদের দিনে,
যদি বন্ধুজন বা আত্মীয়জনে,
পাশে না পাও, যত কাছে ভেবেছিলে
তবু ভালবেসো যদি নাই কাছে পেলে।

বিশ্বাস রেখো, তাঁরা তোমাকে ভালবাসে,
তাঁরাও থাকতে চায়, বিপদে তোমার পাশে।
সাহায্যের ক্ষমতা হয়তো নেই তাঁদের বশে-
পরের ঝক্কি নেওয়া সহজ নয়, অনাবিল হেসে।

বিশ্বাস রেখো, তাঁরা তোমাকে ভালবাসে;
হয়তো সঙ্গে সঙ্গে থেকে কিছু করতে পারছে না-
কিন্তু নিজ নিজ জ্ঞানে দিয়ে চলেছে পথের ঠিকানা।
সামান্য ক'জন,দায়িত্ব বিষয়ে সত্যি কিছুই জানেনা।

বিশ্বাস রেখো, তারা তোমাকে ভালবাসে;
নিজেকে জিজ্ঞাসা করো,তুমি জীবনে কতবার-
বন্ধু বা আত্মীয়ের পাশে থেকেছো তাঁদের দুর্দিনে?
নিজ পরিবার ভুলে, ব্যস্ত ছিলে তাঁদের কল্যাণে?

এভাবেই চলে আসছে, আমাদের সমাজ জীবন,
প্রত্যেকে আগে দেখে নিজেকে ও তাঁর পরিবারজন-
বাকিটুকু পেতে পারেবন্ধু বা আত্মীয়স্বজন,
শক্তি ধরে যারা, সব কাজ করেও, দেখে সর্বজন।

ইতিহাসের সত্য

যত কিছু লেখা ইতিহাসে,
নিয়ে এসো যুক্তিসকাশে।

খুঁজে দেখ, যত লেখ আছে
যদি কিছু পাও তার কাছে-

অশোকের কীর্তি যে অপার!
বনবাসী পায়নি তো ছাড়।

কালিদাস রচেছেন যেই শকুন্তলা-
মহাভারতেই তিনি অনেক সবলা।

লেখা হল কাঁহার নির্দেশে?
ইতিহাস গড়ে সেই বেশে।

(অধ্যাপক রণবীর চক্রবর্তী ও ডঃ কণাদ সিনহা প্রদত্ত ওয়েবিনার শোনার প্রতিক্রিয়ায়)

অন্য স্বাধীনতা

Lawrence of Arabia সিনেমার
সেই ভয়াবহ দৃশ্যের কথা আজও মনে পড়ে-

একটি শক্তপোক্ত মানুষ ধীরে... ধীরে
ডুবে যাচ্ছে সীমাহীন মরূভূমির চোরাবালিতে!
অন্তহীন চেষ্টা দিয়েও সে পারছে না
সেখান থেকে নিজের শরীরটা বার করতে।

অপরিণত খেয়ালি-চলার মাশুল দিয়ে-
অধিকাংশ ভারতবাসী, আজ তেমনি এক
আর্থ-সামাজিক মৃত্যু গহ্বরের পাড়ে দাঁড়িয়ে।

এই কী কবি জীবনানন্দের সেই 'অদ্ভুত আঁধার'?
এ যে আরো নিকষ কালো অন্ধকার!

যখন তুচ্ছ হয়ে যায় সব তথ্য সব সমাচার;
সাদা আর যত যত কালো আছে, সব একাকার।

আজকের ঝালার প্রথম আলাপ শুরু হয়েছিল,
সাতচল্লিশের স্বাধীনতায়- কিছু আগে পরে।

হয়তো অন্য এক স্বাধীনতায়-
মানুষই, একদিন সৃষ্টি করবে নতুন রাগ!
ঢেকে দেবে সকল পাশবিক সুর,
তাঁর নতুন আলাপের মূর্ছনায়।

মানুষ তোমাকে ডাকছে

মোটা দাগে,মানুষের দু'টি শ্রেণী-
হয় সর্বহারা, নয় পুঁজিপতি।

তেমনই শিখিয়েছে, এক বিশেষ রাজনীতি।

এদেরও আগে বা পরে,ভিন্ন ভিন্ন নামের আধারে,
মানুষের পরিচয় খণ্ডিত হয়েছে বারে বারে!

মানুষেরে মোক্ষ দিতে আসে অবতার,
ধর্মপথ,তত্ত্বকথা পৃথক সবার;
ধর্মের নামেতে ভাগ মানুষ আবার।

পৃথিবী কাঁপায় আজ খুনি মহামারি-
লক্ষ লক্ষ অসহায় প্রাণ নেয় কাড়ি।

এসো আজ পৃথিবীর যত নরনারী,
হাতে হাত ধরে, এসো দু'টি শ্রেণী গড়ি।

এক দিকে ভেবে নেও সেই সব জন,
করোনার সাথে যুদ্ধ করে প্রাণপণ।

অন্যদিকে বাকি সবাই, করোনা যাদের দূরে,
আজকে তারা ভুল কোরোনা গিয়ে দূরে সরে।

এসো ওদের রাখো ঘিরে তোমার সকল দিয়ে,
সাহায্য সব বাড়িয়ে ধরো তাদের পাশে গিয়ে।

ওষুধ-বিষুধ নয়তো সবই, পথ্যি বা ডাক্তার;
প্রয়োজনে তোমার ঘরে ঠাঁই করে দাও তার।

তোমার মুখের ছায়া যেন তাহার চোখে ভাসে,
সকল বিপদ তুচ্ছ করা মুখটি ভরে হাসে।

সকল বাধা ছিন্ন করে চললে এমন ভাবে-
তোমার আমার পৃথিবী আবার করোনা মুক্ত হবে।

সেদিন পৃথিবীময় মানুষের হবে একটিই পরিচয়-
সে শুধু মানুষ - এটা নয়, সেটা নয়।

প্রত্যেকের প্রয়োজনে প্রত্যেকে রয়।

বন্ধুত্বের অপমৃত্যু ও জন্ম

বন্ধু ভেবে বড়াই ছিল কত!
আকার ছাড়া যেন জলের মত।
সুযোগ মত পাত্র খুঁজে খুঁজে
নিচ্ছে আকার ইচ্ছেমত যত।

বন্ধু ছিল সবটা আকাশ জুড়ে,
মনের কথা বুঝত যতন করে।
বোকার মত আজকে দেখি চেয়ে-
বন্ধুরা রয় চালাক জনের তরে!

হয়তো এটাই নিয়ম কালে,
দেওয়া নেওয়ার কূট কচালে-
তুচ্ছ কথা রাখার দায়ে,
বন্ধুরা নেয় মুখ ফিরিয়ে।

এখন তো সব অঙ্কে মাপে,
এক মারা যায় বহুর চাপে।
বন্ধুদের আজ নাগাল পেতে-
ঢুকতে হবে দলের খাপে।

9 789354 727313

Printed by Libri Plureos GmbH in Hamburg,
Germany